Caillou MD

range ses jouets

Adaptation : Éditions Chouette
Texte de Joceline Sanschagrin, tiré du dessin animé
Illustrations : CINAR Animation

chouette COOKIE JAR

Avec ses jouets, Caillou
fait une montagne très
haute et il se cache tout
en dessous.
−Caillou, où es-tu ?
demande maman.
Caillou ne bouge pas.

– Dommage que Caillou ait disparu, dit maman.
Il ne pourra pas manger de mousse au chocolat.
Mais Caillou adore la mousse au chocolat.
– Attends-moi, maman, je veux de la mousse !

—Regarde ce désordre ! s'exclame maman.
Caillou, qu'est-ce que je t'ai demandé ?
Caillou réfléchit.
—Je ne dois pas laisser traîner mes jouets dans
l'escalier, répond-il.
—Va les ranger dans ta chambre, s'il te plaît !

Des jouets plein les bras, Caillou remonte l'escalier en faisant la moue.
Quand Caillou entre dans la cuisine, Mousseline y est déjà et mange de la mousse au chocolat.

Caillou s'assoit devant un grand bol de mousse.

– Caillou ! appelle
papa. Viens ici,
s'il te plaît.
Caillou pose sa
cuillère. Il n'a pas
envie d'aller voir
papa. Il veut goûter
tout de suite à la
mousse au
chocolat.

—Caillou, qu'est-ce que je t'ai déjà dit à propos des jouets que tu éparpilles dans l'allée?

—Je dois les ranger, se rappelle Caillou.

—Exactement!

—Mais... je n'ai pas encore mangé ma mousse au chocolat! proteste Caillou.

—Ta mousse attendra.

De mauvaise humeur, Caillou ramasse ses jouets avec l'aide de papa.

Puis, Caillou court à la cuisine. Mais papa l'appelle encore une fois.

–Caillou, viens me rejoindre dans la salle de bains.

−Caillou, tu dois ranger tes jouets. Ensuite, tu pourras manger ta mousse au chocolat, dit papa. Caillou ramasse ses jouets.

−Fiou! fait Caillou quand il a terminé.

−Tu es certain d'avoir ramassé tous tes jouets? s'informe papa.

—Viens voir ce que j'ai trouvé ici, dit papa.
Caillou s'approche et aperçoit son canard de
caoutchouc qui flotte dans la cuvette. Caillou et
papa éclatent de rire.

Enfin ! Caillou mange sa mousse au chocolat.
—Caillou, il y a un tas de jouets avec lesquels tu
ne joues plus. Tu pourrais en donner à ta sœur,
propose maman.
Mais Caillou aime tous ses jouets et il veut
les garder.
—Je vais donner un jouet à Mousseline
maintenant et peut-être d'autres plus tard !

Papa a une idée.

–Caillou, tu as besoin d'un grand coffre pour ranger tes jouets. Je vais le fabriquer. Veux-tu m'aider?

—Oh, oui ! répond Caillou. Dès que j'aurai fini
ma mousse au chocolat.

Caillou est ravi de travailler avec papa. Il tient les clous et les vis et les donne à papa quand il en a besoin.

—Merci papa! Maintenant, mes jouets ont une belle maison.

Texte : adaptation du texte de Joceline Sanschagrin, d'après la série d'animation CAILLOU,
produite par Divertissement Cookie Jar inc. (© 1997 Productions CINAR (2004) inc., filiale de
Divertissement Cookie Jar inc.).
Tous droits réservés.
Scénario original : Matthew Cope
Ilustrations : tirées de la série télévisée CAILLOU et adaptées par
Les Studios de la Souris Mécanique
Direction artistique : Monique Dupras

Catalogage avant publication de Bibliothèque et Archives nationales du Québec et
Bibliothèque et Archives Canada

Sanschagrin, Joceline, 1950-
Caillou range ses jouets
Nouv. éd.
(Collection Sac à Dos)
Pour enfants de 3 ans et plus..

ISBN 978-2-89450-694-3

1. Rangement à la maison - Ouvrages pour la jeunesse. 2. Discipline - Ouvrages
pour la jeunesse. I. Titre. II. Collection.

TX309.S26 2008   j648'.8   C2008-940926-4

Nous reconnaissons l'aide financière du gouvernement du Canada (Programme d'aide au
développement de l'industrie de l'édition (PADIÉ)) et du gouvernement du Québec (Programme
de crédit d'impôt pour l'édition de livres (Gestion Sodec)) pour nos activités d'édition.

Imprimé en Chine
10 9 8 7 6 5 4 3 2